Dra. Sarah Herlofsen

¿QUÉ ES EL CÁNCER?

Ilustraciones
Dagmar Geisler

Traducción del alemán
Olga Martín Maldonado

PANAMERICANA
EDITORIAL
Colombia • México • Perú

Herlofsen, Sarah
    ¿Qué es el cáncer? / Sarah Herlofsen ; ilustraciones
Dagmar Geisler ; traducción Olga Martín Maldonado. --
Bogotá : Panamericana Editorial, 2021.
    92 páginas : ilustraciones ; 21 cm.
    ISBN 978-958-30-6249-0
        1. Cáncer - Literatura infantil 2. Cáncer - Prevención -
Literatura infantil 3. Cáncer - Tratamiento - Literatura infantil
4.   Oncología - Literatura infantil I. Geisler, Dagmar,
ilustradora II. Martín Maldonado, Olga, traductora III. Tít.
I616.994 cd 22 ed

Primera edición en Panamericana Editorial Ltda.,
mayo de 2021.
Título original: *Wie ist das mit dem Krebs?*
© 2018 Gabriel, Thienemann-Esslinger Verlag GmbH,
Stuttgart
© 2020 Panamericana Editorial Ltda.,
de la versión en español.
Calle 12 No. 34-30
Tel.: (57 1) 3649000
www.panamericanaeditorial.com
Tienda virtual: www.panamericana.com.co
Bogotá D. C., Colombia

ISBN 978-958-30-6249-0

Impreso por Panamericana Formas e Impresos S.A.
Calle 65 No. 95-28,
Tel.: (57 1) 4302110 - 4300355, Fax: (57 1) 2763008
Bogotá D. C., Colombia
Quien solo actúa como impresor.
Impreso en Colombia - *Printed in Colombia*

Editor
Panamericana Editorial Ltda.
Edición
Luisa Noguera Arrieta
Traducción del alemán
Olga Martín Maldonado
Diagramación
Juan David Carmona

*Gracias a todos aquellos que colaboraron
con este libro. Un agradecimiento muy especial
a las familias que compartieron sus preguntas, sus
pensamientos y sus experiencias conmigo y, sobre todo, a
mis pequeños y grandes lectores de prueba por su esfuerzo
e inspiración.*

Contenido

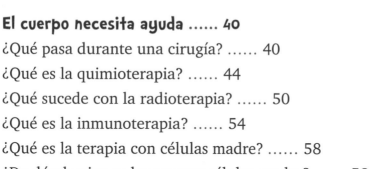

Queridos niños y, por supuesto, queridos adultos:

Cuando la Agencia Alemana de Ayuda contra el Cáncer me preguntó hace algún tiempo si me gustaría escribir el prólogo del libro de Sarah Herlofsen, *¿Qué es el cáncer?*, estuve de acuerdo, con convicción y alegría. Hace mucho, cuando era joven, tuve que experimentar lo que se siente perder a la madre, el ancla de la vida, demasiado pronto debido al cáncer. Los dos años que transcurrieron entre el diagnóstico de su enfermedad y su muerte se caracterizaron principalmente por el silencio: de los tres niños de la familia, yo era la única que sabía que nuestra madre no estaría allí la próxima Navidad, los próximos cumpleaños de los niños o cuando mis hermanos se graduaran de la escuela secundaria.

Para mí, en especial durante los últimos meses, cuando estaba claro que mi madre no podía combatir su cáncer, fue infinitamente difícil, en parte porque no tenía a nadie con quien hablar abiertamente, a quien pudiera hacerle preguntas sobre este tema. Sin embargo, tenía muchas. Este silencio, este permanecer callada, es muy estresante; después de todo, cada uno de los pensamientos es acerca de la enfermedad.

Y por esta razón creo que este libro es muy importante y bueno. Estoy feliz de apoyar su publicación y me complace que, ayude a responder las preguntas que los niños se hacen sobre una enfermedad complicada, independientemente de que ellos mismos, los hijos de sus amigos o sus familiares estén enfermos.

Me gustaría también motivar a los adultos para que lo hagan: ¡Cuéntenles la verdad a sus hijos, nietos, sobrinos o ahijados! Los niños tienen un sentido agudo que les permite percibir si algo está mal, una "antena" muy especial, y las palabras sinceras les ayudan a sobrellevar mejor las situaciones difíciles. Los maestros y educadores también podrán responderles de manera amigable muchas preguntas con el libro de Sarah Herlofsen *¿Qué es el cáncer?*

Entender el mensaje de que un diagnóstico de cáncer ya no es una sentencia de muerte es particularmente importante, pues muchas personas sobreviven a su enfermedad. La Agencia Alemana de Ayuda contra el Cáncer ha contribuido significativamente para ello y, por esto, me complace que la escritora y el editor hubieran decidido apoyar el importante trabajo de esta Agencia con cada libro que se venda. Esta institución, que mi madre fundó en septiembre de 1974, es, como me gusta llamarla, su "cuarto hijo" y hoy es imposible imaginar el sistema de salud alemán sin ella.

Me gustaría animarlos, niños, a que hagan todas las preguntas que tengan en mente y que le confíen a una persona cercana sus preocupaciones y sus miedos. Una vez más, invito a los adultos para que escuchen con atención a los niños y contesten todas las preguntas con delicadeza, tranquilidad y la franqueza necesaria.

Cordial saludo,
Cornelia Scheel

Sobre el libro

¿Conoces a alguien que tiene cáncer o, tal vez, tú mismo estás enfermo? ¿Quizás te das cuenta de que, de un momento a otro, los adultos se comportan de una manera muy diferente a cuando alguien tiene gripa, por ejemplo? Quizás te estás preguntando qué tiene de especial el cáncer y por qué de repente todos se ponen tan serios. Es posible que todo esto te produzca mucho miedo.

Entonces es importante saber que no estás solo. Hay otras personas que tienen cáncer o conocen a alguien que lo padece.

En este libro te contaré lo que sucede en el cuerpo cuando tienes cáncer. Por fortuna, hay muchas formas de combatirlo y te explicaré algunas con detalle. Si comprendes la enfermedad y conoces cómo los médicos pueden hacer un buen tratamiento, el cáncer te parecerá menos aterrador.

Con frecuencia es mucho más fácil vivir con cáncer si se puede hablar abiertamente sobre él. Reuní las preguntas incluidas en este libro al hablar con familias afectadas. Muestran lo que otros niños piensan sobre el cáncer y las preguntas que tenían cuando conocieron a alguien con cáncer. Tal vez encuentres preguntas que ya te has hecho o quizás tengas pensamientos diferentes que te mantienen preocupado.

Cada persona vive el cáncer de manera muy distinta y todos tienen diferentes sentimientos y pensamientos. Por esta razón, hay preguntas que no figuran en este libro. A menudo es bueno hablar con alguien. Recuerda siempre que las personas que te rodean quieren ayudarte y nunca debes tener miedo de preguntarles.

No hay preguntas estúpidas sobre el cáncer.

¿Qué es exactamente el cáncer?

Muchos de ustedes seguramente han oído hablar del cáncer. La gran mayoría de los niños conoce a alguien que tiene cáncer. En realidad, el cáncer no es una única enfermedad: existen más de doscientos tipos y puede ser diferente para cada persona. Algunas se ponen muy, muy enfermas y tienen que someterse a tratamiento durante mucho tiempo; otras se pueden recuperar bastante rápido si siguen el tratamiento adecuado.

Con frecuencia no es posible determinar si una persona tiene cáncer. Para poder entender qué hace tan especial esta enfermedad es útil conocer cómo funciona el cuerpo. Sin importar que los cánceres sean diferentes, tienen una cosa en común: no se desarrollan porque algo enferma a nuestro cuerpo desde el exterior, sino porque se presenta un error interior en nues-

tro cuerpo. En las siguientes páginas aprenderás todo sobre las pequeñas unidades fundamentales con las que está construido el cuerpo, las células. Verás cuán importante es que estas células se ayuden entre sí y protejan el cuerpo y entonces comprenderás por qué se enferma cuando se produce un error y las células dejan de hacer lo que deberían hacer.

Las células

¿Qué es una célula?

Nuestro cuerpo está formado por muchas pequeñas unidades fundamentales que llamamos células. Todo en tu cuerpo está constituido por ellas: bien sea algo duro como un hueso, suave como tu piel o incluso líquido como tu sangre. Las células son tan pequeñas que no puedes verlas solo con tus propios ojos. En un cuerpo sano, todas las células viven juntas, como en una familia feliz: comparten entre sí y se ayudan mutuamente. Muchas células se unen para cumplir una tarea importante en

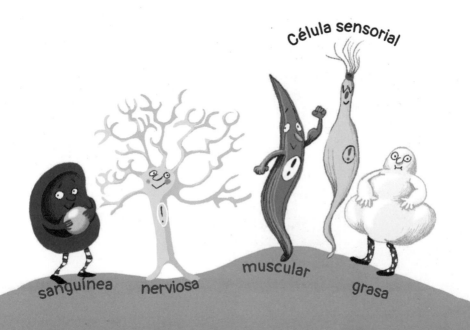

Célula sensorial

sanguínea · nerviosa · muscular · grasa

el cuerpo. Para lograrlo construyen una especie de casa común, que denominamos órgano. Por ejemplo, ¿has oído de tu corazón, este órgano que consta de muchos millones de células pequeñas que bombean la sangre por tu cuerpo y, por lo tanto, suministran alimento y oxígeno a todas las demás células?

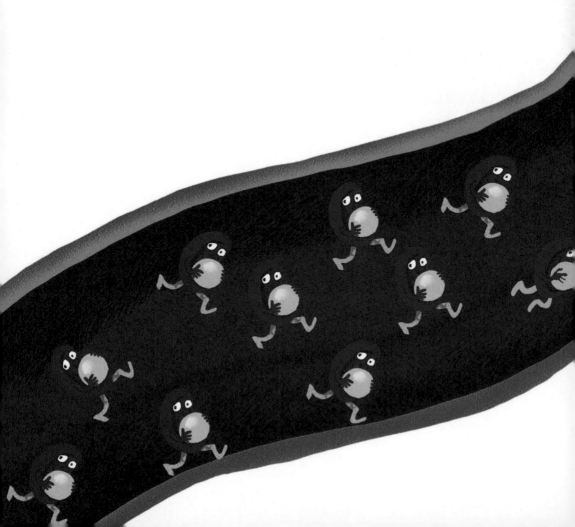

¿De dónde vienen las células?

Todos los seres humanos nos formamos a partir de una única célula. Cuando el óvulo de una madre se fusiona con la célula del esperma de un padre, se crea una nueva y única célula. Después de unas pocas horas se divide por primera vez y una célula se convierte en dos nuevas células. De esta manera surgen rápidamente cada vez más y más células diferentes, y en el vientre de la madre comienza a crecer un nuevo y pequeño ser humano.

Un óvulo y un espermatozoide se fusionan en una única célula.

Las células
se dividen
y se dividen.
Lentamente
comienza a
formarse un
nuevo ser
humano.

¿Cuánto tiempo vive una célula?

Las células de tu cuerpo tienen diferentes tiempos de vida. Por ejemplo, algunas células en tu sangre viven unos pocos días. Las células de tu piel viven durante un mes y algunas células del cuerpo, como las de los huesos, pueden vivir durante muchos años. Cada minuto mueren millones de células dentro del cuerpo sin que nos demos cuenta y se producen simultáneamente nuevas células que reemplazan a las anteriores. Incluso, creces porque tu cuerpo crea una gran cantidad de células nuevas todos los días. Todas las células necesitan comida, bebida y un espacio para vivir. Por esta razón, tu cuerpo no puede producir un número infinito de nuevas células: existe un control muy estricto sobre cuál célula puede dividirse y multiplicarse.

Algunas de nosotras podemos llegar a vivir mucho tiempo.

¿Cuántas células
tiene una persona?

Una persona adulta tiene aproximadamente 100 billones de células. Este número es inconcebiblemente grande. Si las pusiéramos en una larga fila, en lugar de tenerlas concentradas en el interior del cuerpo, esta caravana celular de un adulto daría cien veces la vuelta alrededor de la Tierra. Inclusive un pequeño bebé tiene tantas células en su cuerpo, que la fila llegaría hasta la Luna.

Mas no solo los humanos tenemos células. Todos los demás seres vivos en la Tierra también están compuestos por esas pequeñas unidades fundamentales: cada árbol y cada flor, cada pequeña mosca y la ballena más grande del mar están formados por células vivas.

¿Qué hacen las células?

Al principio, todas las células son muy similares, pero muy pronto cada una de ellas asume su propia tarea. Imagínate todo lo que puedes hacer: comer, ver, hablar, correr, soñar, sentir y mucho, mucho más. Es evidente que necesitas células diferentes para que tu cuerpo funcione correctamente. Tienes alrededor de doscientos tipos de células: algunas desarrollan los músculos, el cabello o los dientes, otras llevan el aire o la comida a todas las células del cuerpo y otras recogen los desechos o reparan tu cuerpo cuando te lastimas.

¿Cómo saben las células qué deben hacer?

Todas las células tienen un plan que define en detalle sus tareas. Lo llamamos ADN. Puedes imaginar que el ADN es como un libro muy, muy voluminoso, en el que existen muchos capítulos que llamamos genes. Cada uno de estos capítulos individuales explica exactamente cómo es la apariencia de las células, qué trabajo realizan en el cuerpo y cuán rápido se pueden dividir.

Los seres humanos tenemos cerca de 20.000 capítulos en nuestro libro de ADN. Afortunadamente, la célula no tiene que leer todo el texto, sino aquellos capítulos que le resultan importantes: las células musculares leen cómo pueden fortalecer tu cuerpo y ayudarte a mover y las células cerebrales, por ejemplo, leen cómo te pueden ayudar a pensar, calcular y sentir. Es así como cada célula sabe exactamente qué hacer.

¡Para un cuerpo tan grande es muy perjudicial que una pequeña célula no haga lo que debería hacer!

Imagina que tu cuerpo es como un enorme rompecabezas y que todas sus células son las pequeñas piezas que encajan entre sí y forman una imagen. Una célula cancerígena es una célula que no se ajusta.

Si solo una de las piezas de este rompecabezas gigante no encaja, no es malo, porque aún puedes ver la imagen, pero si hay demasiadas piezas incorrectas o dañadas y ocupan una zona cada vez más grande, la hermosa imagen se destruye.

En conclusión, una sola célula cancerígena no puede dañar el cuerpo, pero si hay demasiadas células que no se ajustan, te enfermas.

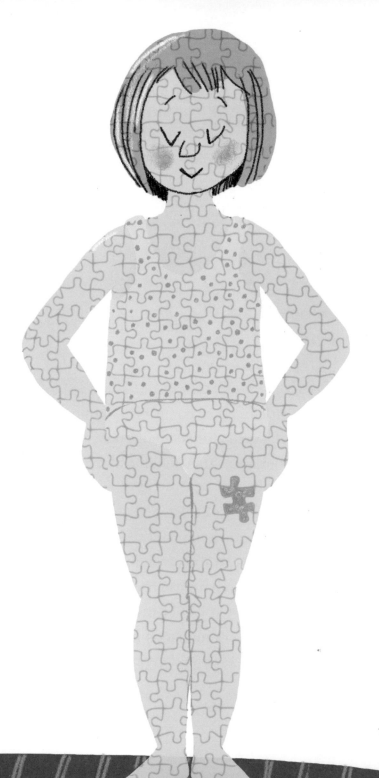

Células enfermas

¿Qué es una célula cancerígena?

El cáncer comienza cuando una célula se enferma y ya no puede asumir sus tareas. En lugar de esto, se divide rápida y frecuentemente, para dar origen a cada vez más y más nuevas células cancerígenas.

Estas también necesitan alimento y dónde vivir. Al principio no es tan malo, porque hay suficiente espacio en el cuerpo, pero cuando hay demasiadas células cancerígenas comienzan a expulsar a las otras células de sus lugares. Más tarde impiden que las células sanas funcionen como deberían y el cuerpo se enferma.

¿En qué parte del cuerpo puedes contraer cáncer?

El cáncer se puede formar en cualquier parte del cuerpo. Las células cancerígenas con frecuencia forman una especie de protuberancia de muchos miles de células enfermas. A este grupo lo denominamos un tumor.

Es posible que algunas células cancerígenas se puedan desprender del tumor y migren a otros lugares del cuerpo. Los médicos llaman a esto metástasis. También hay células cancerígenas que no forman tumores, sino que nadan por el cuerpo en la sangre. Es extremadamente importante encontrar y eliminar todas las células cancerígenas presentes en el cuerpo, pues solo así te puedes recuperar.

Cada célula tiene un núcleo y ahí es donde está el ADN.

¿Son malas las células cancerígenas?

Cuando tienes cáncer, algunas personas dicen que tienes células malignas en tu cuerpo, pero es preferible decir que las células están enfermas. Las células cancerígenas no dañan deliberadamente el cuerpo porque sean malignas, sino porque no conocen cómo actuar mejor. Son iguales a la maleza en el jardín: estas hierbas tampoco son malas, pero no las queremos en el mismo lugar donde crecen las flores.

La maleza se extiende rápidamente y quita espacio, luz y alimento a las flores. Finalmente, las flores se marchitan, es decir, mueren. Por eso eliminamos la maleza y esa es la razón por la cual las células cancerígenas tienen que eliminarse. Así las plantas vuelven a florecer y el cuerpo estará sano de nuevo.

¿Cómo se desarrollan las células cancerígenas?

¿Alguna vez has leído una historia en un libro? Ahora imagínate que este libro está lleno de errores de ortografía y que algunas letras no son las correctas o desaparecen; las palabras pierden su sentido. Si hay demasiados o muy grandes errores, no podrás entender lo que está escrito. Las células cancerígenas tienen errores ortográficos en su libro de ADN y por eso no pueden "leer" cuál es su tarea. Esa es la razón por la que se dividen demasiado rápido y con demasiada frecuencia. Cada nueva célula recibe la misma información incorrecta y ninguna de ellas entiende ahora que su misión es ayudar al cuerpo. De repente hay muchas células cancerígenas en el organismo, que expulsan a las células sanas de sus lugares y les impiden trabajar.

¿De dónde vienen estos errores?

Algunos de estos errores pueden estar en nuestras células desde el nacimiento. Otros se presentan más adelante en el transcurso de la vida, cuando algo ingresa a las células y daña el ADN. Por ejemplo, los rayos solares son tan fuertes que pueden destruir letras en el libro de ADN de las células cutáneas. Por eso debes proteger adecuadamente tu piel cuando te expongas al sol. El cuerpo descubre las células enfermas y las elimina sin que nos demos cuenta, pero cuando las células cancerígenas se dividen muy rápidamente y alcanzan una gran cantidad, el cuerpo necesita ayuda para encontrarlas y destruirlas a todas.

¿Quién puede contraer cáncer?

Cuando las personas envejecen aumenta la probabilidad de contraer cáncer. Imagínate: un cuerpo tiene una piel completamente nueva cada mes porque las células cutáneas deben reemplazarse por otras después de treinta días. Esto quiere decir que una abuela de ochenta años ha renovado completamente su piel casi mil veces en su vida.

Cada vez que una célula se divide tiene que hacer una copia de todo el libro de ADN y dárselo a la nueva célula. Si se necesita copiar un libro así de grande mil veces, se puede cometer fácilmente un error tipográfico que define un gen importante. Es así como la nueva célula en ese momento ya no sabe qué hacer y se enferma.

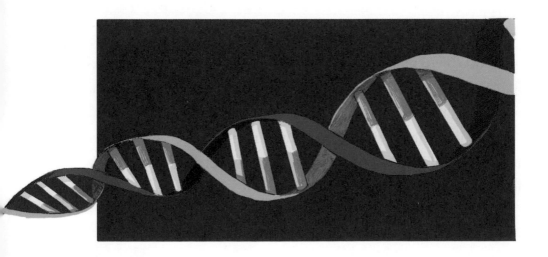

¿Por qué me enfermé yo? ¿Hice algo mal?

¡No, no es tu culpa! Tú no puedes cambiar los libros dentro de tus células y, por lo tanto, no pudiste haber hecho algo equivocado, que hiciera que te enfermaras.

Hay algunas cosas que ayudan al cuerpo a protegerse del cáncer. Por ejemplo, es aconsejable aplicar protector solar o usar un sombrero, pero muchas (demasiadas) cosas son fortuitas y todavía no sabemos por qué algunas personas contraen cáncer y otras no.

Piensa en el lugar de las flores en nuestro jardín: aun si lo cuidamos bien, no podemos evitar que el viento transporte accidentalmente la semilla de una hierba, aunque si crece la maleza, podemos eliminarla.

Nos es imposible evitar que se formen errores de escritura en nuestras células, pero podemos ayudar al cuerpo a encontrar y destruir las células cancerígenas.

El cuerpo se defiende

¿Qué son las células inmunitarias?

¿Alguna vez has tenido un resfriado o diarrea? ¿Quizás tuviste varicela o tos? Todas estas enfermedades se presentan porque algo ingresa a tu cuerpo desde el exterior, la mayoría de estos invasores son bacterias o virus. Tienes células inmunitarias en la sangre que ayudan a que tu cuerpo se recupere. Estas células forman el llamado sistema inmunitario.

Las células inmunitarias cumplen funciones muy diferentes. Algunas de ellas pueden producir anticuerpos, los cuales reconocen a los intrusos, los atrapan y se aferran a ellos. Luego dan la alarma y piden ayuda.

Entonces, los fagocitos, por ejemplo, se apresuran a reconocer las células que están cubiertas de anticuerpos y sencillamente las devoran, de modo que los intrusos desaparecen y el cuerpo sana de nuevo.

Nuestro sistema defensivo también tiene células inteligentes dotadas de memoria que pueden recordar exactamente las bacterias y los virus. Por esta razón solo tienes varicela una vez en la vida.

Es así como tu cuerpo llama al devorador de la varicela y este la detiene antes de que haga daño de nuevo.

No obstante, el sistema inmunitario tiene graves problemas con el cáncer, porque las células enfermas pertenecen al mismo cuerpo y, por lo tanto, no las reconoce como intrusos. Se camuflan entre todas las otras células y por esto las células inmunitarias no las descubren con facilidad.

¿Por qué papá ya no quiere jugar fútbol conmigo?

Cuando una persona se enferma cambian muchas cosas. El cáncer es muy estresante para el cuerpo. Tu papá necesita ahora mucha fuerza y energía para lidiar con la enfermedad. Él todavía te quiere mucho y claro que le gustaría jugar al fútbol contigo, pero su cuerpo tiene que recuperarse. Para eso necesita descansar mucho.

¿Será que durante este tiempo pueden hacer cosas diferentes

que no sean tan agotadoras para él? Si el fútbol es muy importante para ti y también para tu padre, a lo mejor puedes encontrar otra manera de continuar con su afición. Pueden seguir a su equipo favorito en la televisión, apostar cómo quedarán los partidos y ganar un premio por cada resultado que se acierte, o puedes encontrar una actividad sobre el fútbol que se pueda hacer en la sala de estar. Hay muchos juegos de mesa, álbumes de recortes, libros y juegos de cartas sobre fútbol. Habla con tu padre y hallarás algo agradable que puedan hacer juntos.

¿Cuál es la diferencia entre el cáncer y otras enfermedades?

Si tenemos un resfriado, generalmente esperamos unos días; luego, el sistema inmunitario elimina por su cuenta a todos los intrusos y estamos en forma nuevamente. Con el cáncer es dife-

rente. El cáncer no es una enfermedad que solo desaparece. La diferencia más importante es que no viene del exterior, como un virus o una bacteria. El cáncer se desarrolla en una célula en particular dentro del cuerpo.

Las células cancerígenas se pueden camuflar y verse tan inofensivas como las células sanas que las rodean. El sistema inmunitario no puede hacer nada contra las células enfermas que se multiplican sin obstáculos. Por lo tanto, el cuerpo necesita ayuda para eliminar las células cancerígenas.

No puedes esperar que el cáncer desaparezca en algún momento, sino que debes ir al médico.

¿Cómo podemos combatir el cáncer?

Existen muchos tipos distintos de cáncer y cientos de formas de tratarlo. Es muy diferente si tienes un tumor canceroso grande en el estómago, muchos tumores pequeños en la cabeza o tal vez células cancerígenas que flotan en la sangre.

Hay diversos medicamentos y tratamientos para todo esto. La mejor manera de representarlo es como si los médicos tuvieran una gran caja de herramientas: tienen que encontrar la herramienta adecuada para destruir exactamente este tipo de cáncer.

A veces es necesario utilizar varias herramientas diferentes al mismo tiempo para eliminar las células cancerígenas del cuerpo. El médico, junto con el paciente y su familia, deben decidir qué terapia es la mejor para cada persona.

En las próximas páginas encontrarás algunos ejemplos importantes de las herramientas utilizadas en la lucha contra el cáncer.

¿Puedo jugar con mi amigo que tiene cáncer o podría enfermarme también?

Es posible que alguna vez alguien que tuviera un resfriado te lo hubiera contagiado. Muchas bacterias y virus se pueden transmitir fácilmente de personas enfermas a personas sanas.

Con el cáncer es completamente diferente: las células cancerígenas se forman a partir de las células del propio cuerpo y no pueden ingresar a otro cuerpo y sobrevivir allí.

¡El cáncer no es contagioso! Por consiguiente, abrazar o jugar con alguien que tiene cáncer nunca es peligroso. Tampoco es peligroso estar en una habitación con ellos o compartir la comida o bebida. El amor y la amistad pueden ayudar al paciente a sentirse mejor. ¡Así que abraza y juega tanto como quieras!

El cuerpo necesita ayuda

¿Qué pasa durante una cirugía?

Cuando todas las células cancerígenas se juntan en un solo tumor, los médicos pueden tratar de extirparlo. A esto lo llamamos una cirugía.

¿Quizás alguna vez te has cortado y por eso te preguntas si te duele cuando el doctor extirpa algo de tu cuerpo? Antes de una cirugía te aplican un anestésico muy fuerte que, por lo general, es tan potente que te quedas dormido y ni siquiera te das cuenta de lo que hace el médico con tu cuerpo durante la cirugía.

Luego de extirpar el tumor, el médico vuelve a coser todo correctamente para que la herida sane bien. Cuando los médicos eliminan las células cancerígenas queda espacio para las células sanas.

Algunas veces se dificulta extirpar todo el tumor de una vez y otras, las células cancerígenas se esconden en lugares donde los médicos no pueden llegar sin evitar que se dañen células sanas importantes. Debido a esto es necesario que los médicos cuenten con muchas otras opciones para eliminar las células cancerígenas del cuerpo.

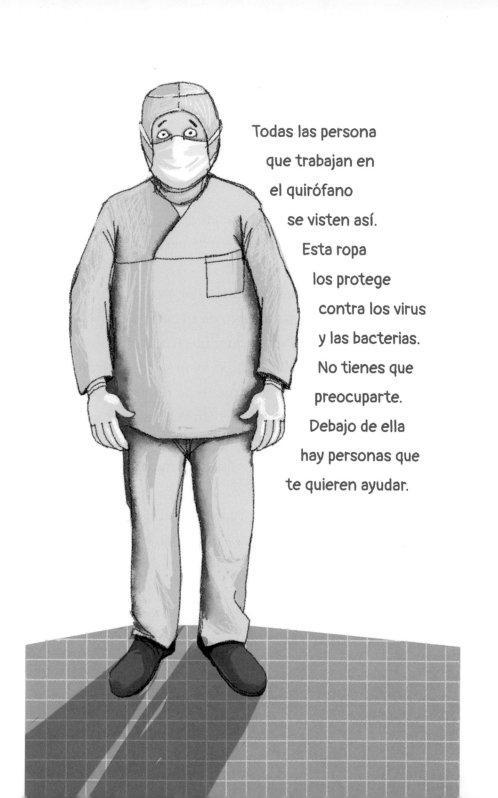

Todas las persona
que trabajan en
el quirófano
se visten así.
Esta ropa
los protege
contra los virus
y las bacterias.
No tienes que
preocuparte.
Debajo de ella
hay personas que
te quieren ayudar.

Tal vez pienses que tienes que ser fuerte y amable porque estás sano o te hacen sentir un poco invisible. ¿Te pones nervioso a veces porque no sabes cómo responder preguntas muy difíciles sobre tu hermano?

¿Quizás te enojas con frecuencia con tu hermano porque la atención de tus padres recae sobre él? ¿Te sientes mal porque lo amas mucho y quieres que se recupere?

Estos son sentimientos normales. Piensa que tu hermano no puede evitar estar enfermo e intenta recuperarse con todas sus fuerzas. Él necesita ahora todo el apoyo, en especial de tus padres. Quizás esté temeroso por la cirugía o se sienta mal debido a la medicación.

Tus padres también te quieren, sin importar que en estas circunstancias tengan que pasar más tiempo con tu hermano. Diles que los extrañas. Tal vez puedan encontrar algo de tiempo para ti, por ejemplo, una sesión de lectura o una noche de juego.

¿Qué es la quimioterapia?

Uno de los tratamientos más importantes contra el cáncer se llama quimioterapia. En este tratamiento, los médicos usan el llamado veneno celular, que destruye todas las células que se dividen rápidamente. Por eso, este veneno funciona bien contra las células cancerígenas.

La quimioterapia es muy estresante para el cuerpo y los enfermos a menudo necesitan descanso y relajación. El veneno también puede dañar algunas de las células sanas y, por esta razón, los pacientes a veces se sienten enfermos y tienen dolor de estómago o pierden el cabello.

Las células inmunitarias también se pueden dañar con la quimioterapia. Esto significa que el cuerpo se vuelve particularmente sensible durante esta terapia y ya no le es posible defenderse bien. Por lo tanto, se debe tener especial cuidado para impedir que entren bacterias y virus al cuerpo.

A pesar de que esta terapia sea difícil e incómoda, no debes tener miedo. Cuando se termina el tratamiento, las náuseas y el dolor desaparecen y el cabello vuelve a crecer y, una vez más, el cuerpo puede estar saludable y vital.

¿Alguna vez alguien te tiró del pelo y eso te dolió mucho? Entonces es bueno saber que perder el cabello por la quimioterapia no duele en absoluto.

Todas las personas pierden alrededor de ochenta cabellos al día sin darse cuenta. Solo imagina que tu cabello se va de vacaciones y volverá cuando ya te encuentres bien.

¿Los demás se reirán de mí?

Algunos niños se ríen de las cosas que les son extrañas o que no entienden. Si alguien se ríe de ti, sería una buena idea explicarle por qué perdiste el cabello.

Si te resulta difícil hacerlo, pídele a un adulto que te ayude. Además, a algunos niños les parece que se pueden ver bastante rudos sin pelo en la cabeza.

A un niño le pareció tan genial la cabeza calva de su padre enfermo que quiso el mismo corte de cabello y a otros niños les encantó caminar todo el día con su sombrero favorito.

¡Y estoy bastante segura de que tu familia y tus amigos te amarán aunque no tengas cabello y permanecerán cerca de ti!

¿Qué sucede con la radioterapia?

A veces, los médicos usan rayos muy especiales para destruir las células cancerígenas. Estos se parecen un poco a los rayos de luz de una linterna, solo que son mucho más fuertes.

Imagínate lo caluroso que puede ser el verano. Entonces entenderás que los rayos solares, por ejemplo, pueden quemar.

A diferencia de los rayos solares, que se dispersan sobre la Tierra durante el día, los rayos que se utilizan en la medicina se concentran en un haz muy delgado por medio de una máquina.

Tal vez hayas escuchado que, con una lupa, se pueden atrapar y concentrar los rayos solares; así se genera tanto calor, que incluso puedes encender fuego con ellos.

Los médicos utilizan estos haces de rayos medicinales para disparar con precisión a las células enfermas del cuerpo, como si fuera una pistola láser, y quemar el tumor

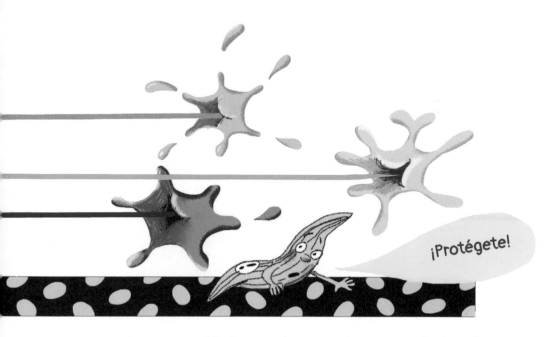

¡Protégete!

canceroso. Son muy cuidadosos e intentan impactar solo las células cancerígenas.

A veces, algunas de las células sanas se dañan. Si esto sucede, se puede presentar dolor de cabeza, pérdida de cabello o malestar, pero estas dolencias generalmente desaparecen de manera muy rápida. Recuerda que es fantástico que estos rayos puedan destruir las células cancerígenas.

Hay muchas formas de eliminar las células cancerígenas. Cuando el cáncer desaparece puedes celebrarlo con una gran fiesta y disfrutar otra vez la sensación de estar sano.

Ciertamente fue un recorrido difícil, pero lo hiciste y puedes estar orgulloso de ti mismo y de tu cuerpo. Aun así, es importante que visites al médico para hacer chequeos periódicos y así estar seguros de que todas las células cancerígenas han desaparecido. Si no encuentra células enfermas, puedes irte a casa y estar feliz.

Si algunas células cancerígenas permanecen ocultas, se deben eliminar rápidamente, antes de que se multipliquen de nuevo. Por este motivo tienes que informar cuando te sientas mal y no esperar a que te recuperes por ti solo. Así, los médicos podrán localizar y destruir todas las nuevas células cancerígenas antes de que le hagan daño a tu cuerpo.

¿Qué es la inmunoterapia?

¿Recuerdas lo que leíste sobre el sistema inmunitario del cuerpo y que puede ser difícil para él reconocer las células cancerígenas camufladas? Los médicos saben cómo ayudar a las células inmunitarias y los investigadores desarrollaron un medicamento que contiene anticuerpos.

Estos "cazadores de cáncer" reconocen ciertas células cancerígenas y se aferran a ellas. Algunos anticuerpos pueden destruir las células enfermas y otros envían señales de alarma, entonces las células inmunitarias se apresuran y eliminan todas las células cancerígenas que tienen anticuerpos adheridos a ellas, sin dañar las células sanas que las rodean. Desafortunadamente todavía no se han desarrollado anticuerpos para todos los tipos de cáncer, pero los investigadores trabajan en eso todos los días y encuentran cada vez más anticuerpos contra esta enfermedad.

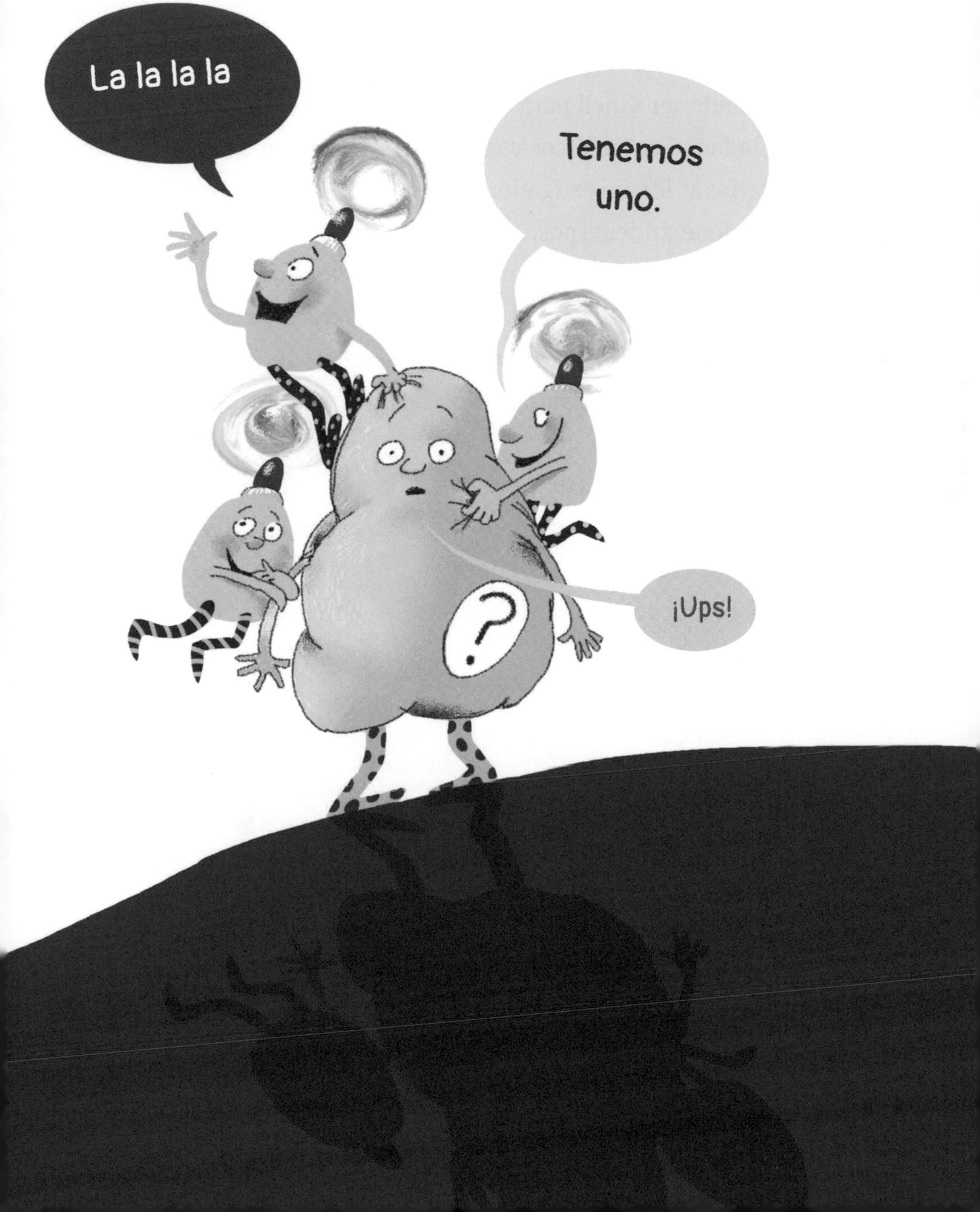
La la la la
Tenemos uno.
¡Ups!

¿Puedo ayudar a mi madre que se encuentra enferma? Ella está muy débil.

¿Por qué papá siempre está cansado? ¿Cómo puedo hacerlo feliz nuevamente?

Cerdito de la suerte hecho a mano

El trabajo de los médicos es ayudar a tus padres a superar la enfermedad, pero los puedes apoyar de otras maneras. Quizás ayude un buen abrazo en la mañana.

Puedes recoger la flor más bella del jardín y ponerla al lado de la cama del enfermo o pintar un cuadro de ti mismo y colgarlo en la pared. También puedes contar todas las cosas maravillosas que han compartido juntos.

Además, ayuda el soñar con un futuro juntos. Puedes escribir una lista de las cosas que quieran hacer cuando haya desaparecido el cáncer o quedarte quieto y solo tomar la mano de mamá o papá.

Muchas veces, la mejor ayuda es darle tiempo al enfermo para que se recupere. Tal vez deseen estar tranquilos, dormir y descansar. Pregúntales, porque ellos saben mejor lo que más necesitan.

¿Qué es la terapia con células madre?

Cuando los niños contraen cáncer, con frecuencia se debe a las células inmunitarias que se encuentran en la sangre. Estas comienzan a dividirse demasiado rápido y entonces no ayudan al cuerpo a defenderse. Las otras células presentes en la sangre no son suficientes y dejan de cumplir su función correctamente.

Los médicos saben cómo eliminar las células sanguíneas enfermas y utilizar nuevas células sanas. A estas nuevas células las denominamos células madre y son muy especiales, porque pueden convertirse en todas las células que se necesitan en la sangre.

Una célula madre sana puede dar origen a miles y miles de nuevas células sanguíneas sanas, que llevarán oxígeno a todas las demás células, repararán lesiones y defenderán el cuerpo contra las enfermedades. Cuando las nuevas células hacen su trabajo, el organismo vuelve a estar completamente sano.

¿De dónde vienen las nuevas células madre?

Quizás hayas escuchado que puedes donar dinero para que los niños de los países empobrecidos obtengan comida o vayan a la escuela. También hay personas que donan sangre o células madre, en lugar de dinero, porque les gustaría ayudar a que las personas enfermas se recuperen.

La mayoría de las células madre que se utilizan en las terapias para combatir el cáncer provienen de personas muy sanas, llamadas donantes.

Para que el cuerpo acepte las nuevas células y no luche contra ellas por ser invasoras, las células madre deben ser muy, muy similares a sus propias células. Por eso no solo se obtienen las células de un miembro de la familia o de sus amigos cercanos, sino que es preciso encontrar, como sea posible, a una persona que tenga células idénticas.

Si tienes cáncer puedes llegar a sentirte diferente a los demás y a menudo te gustaría ser como eras antes. Pero no tienes que avergonzarte de ti mismo si has cambiado, pues hay otras cosas que ahora son importantes para ti.

Has vivido situaciones que muchos otros desconocen y seguramente no todo fue terrible. Pudiste ver cuánto te quiere tu familia y cuántas personas quieren ayudarte.

Pasaron mucho tiempo juntos y tal vez tu enfermedad los ha acercado mucho más. Esto te puede hacer más fuerte o feliz que a otros, porque ganaste una pelea difícil.

¿Podré ser bombero
cuando grande?

Recuerda que siempre está permitido hacer planes para el futuro. El cáncer no puede quitarte tus sueños.

Escribe una lista de deseos y explica todo lo que quieres hacer cuando estés completamente bien, incluso cosas pequeñas y divertidas: nadar en el mar, una carrera en el bosque con tu papá, comer una caja entera de helado con tu hermano pequeño o ir al cine con tu hermana mayor.

Mira la lista y espera con ilusión el día en que te sientas mejor y recuperes la salud.

Estar sano

¿Cuánto dura un cáncer?

Puesto que el cáncer se desarrolla de manera muy diferente en todas las personas, nunca se puede decir con exactitud cuán pronto alguien recuperará la salud por completo. Por ejemplo, es posible recuperarse después de una sola cirugía exitosa; sin embargo, algunos de los tratamientos que aquí se describen toman mucho tiempo y los pacientes luchan contra el cáncer durante meses o años. A veces los médicos no pueden eliminar las células enfermas, pero evitan que se dividan y causen daños en el cuerpo. Así, los pacientes tendrán una buena calidad de vida durante muchas décadas, a pesar de que todavía permanezcan algunas células cancerígenas en sus cuerpos, y deben ir con frecuencia al médico para asegurarse de que estas no comiencen a multiplicarse otra vez.

Algunas personas siguen sintiéndose enfermas, a pesar de que los médicos hayan podido eliminar todas las células cancerígenas. El tratamiento del cáncer es muy estresante y muchos temen morir a causa de la enfermedad. Por consiguiente, es normal que quienes están realmente sanos aún se tomen un tiempo antes de volver a sentirse en plena forma. Otros también temen que el cáncer regrese años después.

Mi amiga tuvo cáncer.
Ahora está sana de nuevo
y todavía no tiene que
hacer tareas escolares.
Me parece injusto.

Afortunadamente, hoy en día, la gran mayoría de los niños con cáncer se recuperan.

La forma de conseguirlo suele ser muy larga e increíblemente agotadora. Pasan mucho tiempo en el hospital y, a menudo, están demasiado débiles para ir a la escuela. Cuando derrotan el cáncer y regresan, pueden vivir una situación difícil. Tú mismo sabes lo difícil que es regresar al salón de clase después de las vacaciones de verano, tener que levantarte tan temprano y, en lugar de estar jugando en la playa, hacer tus tareas escolares.

Tu amiga tiene que volver a la vida cotidiana paulatinamente y no ha tenido vacaciones con palmeras y hoteles, sino que ha pasado un mal momento con médicos en los hospitales.

Si tu maestra decide que en este momento la tarea de tu amiga es demasiado agotadora, quizás tenga motivos para pensarlo. Por ejemplo, algunos niños se siguen sintiendo muy mal durante un buen tiempo debido a la fuerte medicina que han tenido que recibir.

Es posible que les duela la cabeza por leer demasiado o que les resulte difícil concentrarse y quedarse quietos durante períodos largos.

No es justo que a todos se les trate por igual: los niños convalecientes deben ser tratados con consideración, tratando que en todo momento se sientan bien.

Tal vez deberías pensar que tu amiga está feliz por haberse recuperado y quizás puedas entender que a veces está enojada y frustrada o siente que todo lo está haciendo mal. Es posible que se sienta marginada porque ha experimentado cosas que tú no puedes imaginar. Por eso, ella necesita tu apoyo y comprensión en este mismo momento.

¿Se puede recuperar la salud?

La mayoría de las personas que tienen cáncer se recuperan. Cuando se eliminan todas las células cancerígenas, generalmente se puede llevar una vida normal y tranquila. Los investigadores, los médicos y los enfermeros se han vuelto muy buenos para ayudar a que el cuerpo recupere la salud; además, en la actualidad, hay muchas maneras de combatir el cáncer.

No obstante, algunos cánceres todavía no se pueden curar. Es importante saber que los investigadores y los médicos de todo el mundo trabajan a diario para encontrar una solución y ya han logrado desarrollar cientos de medicamentos diferentes contra el cáncer. Por esta razón, siempre hay esperanza de encontrar un nuevo tratamiento que ayude realmente. Siempre se puede soñar con un futuro sin cáncer.

Cuando alguien en tu familia se enferma gravemente es muy normal que se tengan sentimientos fuertes. Todas las personas reaccionan de una manera muy diferente. Algunos se enojan, otros se entristecen y lloran demasiado.

¡Claro!

¿Puedo olvidarme del cáncer de papá? Simplemente no quiero hablar de eso todo el tiempo.

Hay quienes se preocupan tanto que les resulta imposible dormir en la noche. Algunos escogen fingir que todo está igual que antes y no hablan del tema. Quizás tú mismo hayas experimentado todos estos sentimientos. Eso está perfecto y es normal. Intenta explicar aquello que deseas a las personas que te rodean.

Puedes decir que necesitas hacer una pausa y que, por el momento, no quieres hablar del tema. Incluso puede ser útil para tu padre saber que no siempre estás pensando en su cáncer. Él te ama y quiere que seas feliz. ¡Está bien olvidarte de la enfermedad! Intenta recordar todas las cosas bonitas que aún existen a tu alrededor.

Puedes jugar con amigos, ver televisión y simplemente ser feliz y divertido otra vez.

¿Se puede morir de cáncer?

Es necesario saber que cada cáncer es diferente. En la actualidad, muchas personas que lo tienen se pueden mejorar; sin embargo, a veces no es posible eliminar todas las células cancerígenas o detener su crecimiento, habrá personas que mueran.

Esta idea puede asustarte: es difícil perder a un ser querido y es normal que eso te entristezca.

No debes pensar en la muerte como un castigo terrible y aterrador, porque es una parte muy natural de la vida. Todas las personas mueren en algún momento y esto se conoce como el ciclo de la vida.

Todo lo que vive morirá y siempre puede formarse una nueva vida. Existen grandes diferencias en los tiempos de vida de los seres de la naturaleza, por ejemplo, las tortugas viven hasta doscientos años, mientras los ratones rara vez llegan a más de seis años, y algunas mariposas solo viven durante dos semanas.

Es bastante difícil imaginarse lo que en realidad significa la muerte. No debes sentir miedo de hacer preguntas y hablar sobre lo que piensas.

Es posible que los adultos no puedan darte siempre una respuesta, porque existen muchas ideas y pensamientos diferentes sobre lo que nos sucede después de la muerte. Así, por ejemplo, algunas personas creen que después de morir comienza un nuevo tipo de vida; otros creen que muere única-mente el cuerpo y nuestra alma permanece.

¿Dónde está el abuelo
en este momento?

¿Mi hermanita
es un ángel?

Muchas personas dicen que nos convertiremos en polvo y en parte de la naturaleza, mientras otros dicen que viviremos en los corazones y los recuerdos de nuestros seres queridos.

Existen religiones que creen que iremos a donde está Dios y viviremos en el cielo o en el paraíso, mientras otras religiones dicen que volvemos a nacer.

También hay personas que piensan que podemos permanecer en la Tierra como una especie de espíritu.

En algunos países, las personas no se entristecen cuando alguien muere y celebran un gran festival porque creen que los muertos inician un nuevo viaje.

¿Puede escucharme
mamá cuando
le hablo?

Cada persona es libre de decidir por sí misma lo que quiera creer. Es posible que tu hermana pequeña esté en el cielo sentada como un ángel y cuidando de ti; quizás tu abuelo hace bromas divertidas, como un fantasmita travieso, tal vez tu mamá te visita mientras duermes. ¿Escucha ella tus palabras y puedes contarle todo? ¿Tienes una idea diferente de lo que nos pasa después de la muerte? Intenta escribirla o dibujarla. Con frecuencia ayuda compartir estos pensamientos con alguien. De esta manera puedes lograr que lo que sientes acerca de la muerte, sea menos perturbador.

¿Qué le sucede al cuerpo cuando morimos?

Cuando una persona muere, todas las células de su cuerpo dejan de vivir. El corazón deja de latir, el cabello deja de crecer, el cerebro deja de pensar.

Cuando todas las células dejan de funcionar, la persona fallecida ya no siente nada. Por esta razón, a los muertos no les da hambre ni sed ni frío.

Ya no sienten temor y tampoco se aburren. No necesitan luz, porque sus ojos ya no pueden ver. Los muertos parecen dormidos, pero ya no respiran. Por eso no necesitan absolutamente nada. Los muertos tampoco sienten dolor. Cuando morimos, todo queda en silencio.

¿Puede regresar mamá?
Quiero hacerle
muchas preguntas.

Cuando una persona muere y el corazón deja de bombear sangre, todas las células del cuerpo dejan de funcionar. No podemos vivir sin alimento ni oxígeno y tampoco se producen células nuevas.

Por eso tu madre no volverá, pero ella vivirá siempre en tu corazón. Puedes hablarle o escribirle una carta y dejarla luego debajo de tu almohada. Si escuchas tu corazón, quizás puedas saber qué te dice tu madre. Tal vez quieras hacer un pequeño libro acerca de ella, donde puedes dibujar y escribir todo lo que quieras contarle. Puedes pegar fotos y coleccionar tus recuerdos. Este será tu libro secreto, que nadie más podrá leer o también puedes compartirlo con otras personas y que todas ellas escriban sus recuerdos de tu madre.

Por ejemplo, puedes recopilar con papá y la abuela historias que quizás no conozcas. Esta es una buena manera de sentirse cerca de ella.

Epílogo para adultos

¿Cómo puede ayudar este libro?

Cada niño, cada familia y cada circunstancia de la enfermedad son diferentes. En este libro explico los fundamentos biológicos y médicos del cáncer y respondo preguntas típicas de niños que han tenido cáncer. Las respuestas permiten que los niños hablen acerca de la enfermedad y tengan sus propias reflexiones.

Aun cuando cada niño experimenta el cáncer dentro de la familia de manera diferente, existen algunos consejos de profesionales que ayudan a la mayoría de ellos. Por ejemplo, los expertos recomiendan hablarles abiertamente sobre la enfermedad. Este libro proporciona un valioso apoyo para las familias. Los acompañará en los momentos difíciles del diagnóstico y de la terapia, y les facilitará además muchas oportunidades para hablar sobre el futuro, las esperanzas, las preocupaciones y los miedos asociados.

Mas no solo los niños tienen miles de preguntas sobre el cáncer: en mi trabajo con las familias, me di cuenta de que los adultos también están muy desinformados. ¿Cómo hablo con mi hijo? ¿Qué puedo y debo decirle? ¿Cuándo es el momento oportuno? ¿Cómo me comporto con mis amigos, maestros y los demás padres? ¿Cuáles son las reacciones normales del niño?

¿Por qué mi hijo parece tan indiferente? ¿Por qué mi hijo está muy enojado y no muy triste? ¿Por qué mi hijo no quiere hablar conmigo? Necesito ayuda, ¿dónde puedo encontrarla? ¿Cuál es la mejor manera de acompañar a mi hijo en esta difícil fase de la vida?

¿Qué tiene de especial el cáncer?

Los niños comprenden muy pronto que el cáncer es una enfermedad diferente a las demás. Captan con rapidez cuándo los adultos están preocupados. Se preguntan, por ejemplo, "¿por qué murmuran a mis espaldas o tienen lágrimas en los ojos cuando piensan que no los miro?". Si las respuestas que obtienen a sus preguntas son vagas, pronto se sentirán frustrados, inseguros y excluidos.

Muchas veces es más fácil para ellos saber la verdad que tener que soportar las inseguridades y los temores que se originan en las fantasías infantiles. Para entender lo que está sucediendo, es importante que los niños tengan información amigable y apropiada. Por este motivo, los expertos recomiendan tratar el cáncer de la manera más abierta posible.

¿Cuán honesto debería ser?

A los niños no los beneficia que tratemos de esconderles información. Por el contrario, una actitud abierta de los padres puede fortalecer la confianza del niño. Se genera desconfianza si retenemos información o creamos falsas esperanzas. Los padres, por ejemplo, deben evitar hacer promesas que no puedan cumplir solo para tranquilizar al niño. Naturalmente, la información que los adultos le den debe tener en cuenta su edad. Cuanto mayor sea el niño, los padres y los médicos pueden explicarle con más detalles lo que está ocurriendo. Cuando los niños reciben la mayor información objetiva, les queda menos espacio para los miedos y las fantasías amenazantes, pues suelen ser más resistentes de lo que pensamos los adultos, y la franqueza les ayuda a ordenar y asimilar mejor la situación.

Los expertos también recomiendan ser francos con sus propios sentimientos. Algunos consideran que deben ser fuertes delante de sus hijos e intentan no mostrar lo que sienten. Sin embargo, los expertos aseguran que, gracias a la sinceridad de los padres, los niños aprenden a dejar fluir libremente sus emociones y les será más sencillo comunicarse con los adultos. Si el padre o la madre, por ejemplo, nunca lloran, el niño puede identificar el dolor o el miedo como debilidad, se sentirá avergonzado y querrá esconderse y encerrarse en sí mismo.

¿Cuándo debo informar a mi hijo?

No existe una regla fija que determine cuándo empezar a hablar sobre el cáncer. Es preciso que se confirme el diagnóstico para que no se presenten falsos temores. Se recomienda ser sincero desde el comienzo; es importante no sentirse presionado y darse el tiempo necesario para procesar el diagnóstico. Debe haber alcanzado su estabilidad emocional para concentrarse en el niño y sus preguntas. Para muchos de los afectados no es fácil este paso de hablar por primera vez sobre la enfermedad. Con frecuencia se hace necesario conseguir apoyo, por ejemplo, en los centros de asesoría psicosocial sobre el cáncer; además, muchos hospitales cuentan con servicios psicooncológicos. En todos los países hay centros de apoyo y ligas nacionales para tratar la enfermedad desde todos los aspectos de la salud.

¿Cómo debo hablar con mi hijo sobre el cáncer?

Cuando hablemos con los niños acerca del cáncer, es fundamental prestar atención a cómo lo hacemos y qué palabras elegimos. Las "células cancerígenas malignas" en el seno de mamá, mezcladas con el evidente temor y dolor de los adultos, pueden transformarse rápidamente, en la imaginación de los niños, en un monstruo peligroso que devora a la madre desde su interior. Por eso siempre es útil hablar sobre el cáncer desde un aspecto biológico y objetivo. Naturalmente, es preciso tratar a los niños de acuerdo con su edad y no inundarlos con información médica. Existen muchas imágenes de la vida cotidiana que pueden ayudarles a comprender la enfermedad, Lo más importante es destacar que las células cancerígenas no son malignas, sino que están enfermas. En este libro las comparo con la maleza que crece en el jardín. Nadie puede asegurar que el diente de león es maligno porque quiere destruir nuestro césped: creció allí porque el viento llevó sus semillas a ese lugar y porque el sol y la lluvia le proporcionaron alimento. Las células cancerígenas tampoco crecen por maldad y nadie es culpable del desarrollo del cáncer.

Existen muchos factores que enferman una célula y no podemos explicarlo por completo y, de la misma manera como eliminamos la maleza del césped, podemos intentar eliminar las células cancerígenas del cuerpo.

¿Qué digo si no sé la respuesta?

Los niños no esperan que los adultos tengamos una respuesta para todo, pero ayuda cuando trabajamos con ellos para encontrar soluciones. Entonces se dan cuenta de que los estamos tomando en serio.

Para un niño puede ser de mucha ayuda compartir sus miedos, deseos y sueños, aun cuando no reciba respuestas concretas. Hablar sobre el cáncer —en especial, sobre la muerte— es muy difícil para la mayoría de los adultos, pero una vez se da el primer paso, los niños, a su manera, generalmente nos ayudan a tratar el tema. Con frecuencia tienen ideas maravillosas: cuentan cómo los ángeles danzan en las nubes y cómo su abuelo fallecido hace pis en la tierra, en forma de lluvia. Riegan las flores en la tumba y ven a su abuela crecer de la tierra como si fuera una rosa.

Hacen dibujos y cuentan historias de otros mundos con mucha facilidad, algo que, para nosotros, los adultos en duelo, puede ser muy reconfortante.

¿Por qué mi hijo no quiere hablar conmigo sobre este tema?

No siempre es fácil para los niños expresar sus sentimientos y hacer preguntas. Para algunos es importante tener una persona fuerte y mentalmente estable que les brinde seguridad. Otros necesitan a alguien que muestre sus propios sentimientos, con quien puedan llorar juntos y que les permita sentirse débiles y perdidos.

Posiblemente algunos niños no se atreven a hablar con sus familiares más cercanos sobre sus miedos y lo que piensan, porque temen que sus preguntas les causen dolor. A otros les ayuda intercambiar ideas con una persona extraña y más neutral.

A veces es más fácil hablar con una tía, una enfermera o una maestra acerca de la madre enferma, que con la mamá o el papá. Los padres pueden experimentar este rechazo, pero el niño solo quiere protegerse a sí mismo o a sus padres. Dé a los niños la oportunidad de elegir a alguien con quien se sientan seguros.

¿Cuáles son las reacciones normales?

Cada niño reacciona de manera diferente ante un cáncer en la familia. Los psicólogos describen así algunos de los patrones de comportamiento más típicos:

Los niños a menudo reaccionan con miedo. Les preocupa mucho el futuro. De repente temen enfermarse. Algunas situaciones cotidianas, como despedirse para ir al colegio o acostarse por la noche, les pueden provocar ansiedad por la separación que implica.

Otros niños se retiran y prefieren no hablar sobre la enfermedad. Les parece que los contactos sociales con amigos y familiares son estresantes y quieren permanecer tranquilos. Rechazan la ayuda que les ofrecen y se niegan a hablar sobre sus sentimientos. Generalmente es muy estresante para los padres sentir que están perdiendo contacto con el niño.

La agresión y la ira también son reacciones típicas de muchos niños. Encuentran extremadamente injusto tener que experimentar esa situación y que quienes los rodean se encuentren sanos. Suelen tener una tolerancia muy baja a la frustración y enojarse consigo mismos y con los demás. Algunos niños desarrollan síntomas físicos, como trastornos de la alimentación, problemas para dormir, dificultades para concentrarse o sienten dolor de cabeza y abdominal. Estos síntomas deben tomarse en serio, porque indican que necesita ayuda para sortear la ansiedad y las preocupaciones.

Muchos padres tienen la impresión de que sus hijos maduran más rápido como resultado de la enfermedad. Se vuelven más independientes, quieren ayudar a la familia y hacen preguntas serias y reflexivas. Esto no necesariamente es negativo, pero se debe estar seguro de que la presión y el sentimiento de responsabilidad no sean demasiado grandes. Los niños siempre deben ser conscientes de que apreciamos su ayuda y los valoramos, pero en ningún caso es lo que debemos esperar de ellos. La responsabilidad de la familia, cuando hay una enfermedad, es de los adultos.

¿Dónde puedo encontrar ayuda si estoy preocupado?

Cuando la ansiedad, el aislamiento social o la agresividad comienzan a causarle daño al niño, se aconseja buscar la ayuda de un psicólogo profesional.

Los especialistas logran que los niños canalicen sus sentimientos y diseñan junto con ellos estrategias para que aprendan a manejar sus emociones sin lastimarse a sí mismos ni a los demás. Si los niños desarrollan problemas de comportamiento durante cierto tiempo, tiene sentido buscar a un profesional.

Se puede encontrar apoyo en los centros de asesoría psicosocial para el cáncer, en el servicio psicooncológico de los hospitales o con psicoterapeutas infantiles.

Algunas ciudades ofrecen grupos de discusión para niños y padres sobre el cáncer; también hay programas especializados de rehabilitación para las familias. Allí, los niños y los padres reciben tratamientos y además ofrecen diversos cursos.

Hay muchas instituciones oficiales nacionales que ofrecen información sobre el tema e instituciones que se ocupan específicamente de los problemas de los niños cuyos padres tienen cáncer.

¿Cómo debería hablar con las otras personas que nos rodean?

Muchos pacientes hallan consuelo conversando con otros, pues les ayuda a hablar abiertamente sobre la enfermedad. Sin embargo, hay pacientes con cáncer que encuentran estresante la atención que reciben a causa de su enfermedad. Se sienten estigmatizados y no quieren hablar todo el tiempo sobre el tema.

En este caso es importante expresar sus propios deseos y necesidades. La mayoría de la gente quiere ayudar, pero de ninguna manera desea "molestar" con su amabilidad. Por esta razón es común que agradezcan si se les dice claramente lo que se quiere.

Los niños no son diferentes. Es importante respetar sus deseos: si no quieren que se hable todo el tiempo de la enfermedad, los adultos deben dejar de lado sus propias necesidades de hablar, al menos en presencia del niño. Sin embargo, si el niño tiene una gran necesidad de comunicarse, se le debe permitir hablar abiertamente con los demás, sin importar que tenga que sobreponerse a sí mismo para compartir sus preocupaciones con ellos.

¿Cómo puedo pedir ayuda?

Muchos pacientes no quieren ser una carga para otras personas por su enfermedad o no aceptan la ayuda porque piensan que deben manejar sus propias vidas, pero, independientemente de que uno de los padres, el niño o un pariente cercano se haya enfermado, todas las familias expresaron que les gustaría recibir apoyo en sus tareas diarias para poder cuidar más a los enfermos.

Las personas que rodean a las familias afectadas a menudo quieren ayudar amablemente, pero en general no saben qué hacer y tampoco quieren forzarlo. Cuando se les solicita ayuda, se sienten útiles, reconocidas e importantes.

A menudo están agradecidas cuando se les asigna una tarea específica. Por eso, aceptar la ayuda ofrecida o solicitarla no es una debilidad, sino una fortaleza que sirve para que otras personas hagan contribuciones significativas.

Por ejemplo, se pueden escribir "tarjetas de ayuda" y distribuirlas entre amigos. Así pueden elegir las tareas específicas que les convengan y que les guste hacer. Les presento algunas ideas: preparar la cena una vez a la semana, recoger a los niños en la escuela un día fijo de la semana, organizar juegos nocturnos periódicamente o pasar la noche en la casa, llevar a los niños en la tarde a sus prácticas deportivas, llevarlos de viaje los fines de semana, lavar la ropa en grupo o ir de compras.

Estas pequeñas cosas, con seguridad, son un gran alivio para la vida cotidiana familiar y de ninguna manera son una molestia para los amigos. Organizar las fiestas de cumpleaños o las de los días festivos especiales, como la Navidad, o actividades durante las vacaciones escolares, pueden aliviar en gran medida la situación familiar. Estar dispuesto a escuchar y la oportunidad de tener tiempo para sí mismo permite mantener la tranquilidad en la vida cotidiana y proporciona buenas dosis de energía. Entonces, por ejemplo, una caminata periódica con un buen amigo puede ser de gran ayuda.

¿Cómo hablo con los amigos de mi hijo?

Con frecuencia, se presentan también diferentes tipos de reacciones alrededor del niño. Para algunos amigos es fácil hablar sobre esta condición, mientras otros, de un momento a otro, pueden tomar distancia.

Quizás tengan miedo de infectarse o les resulta difícil manejar sus emociones. A los niños les puede parecer terrible sentirse extraños o que están perdiendo a sus amigos. En ese momento se recomienda consultar a un experto para que hable con los niños de la escuela y con los amigos del niño enfermo, y también que responda todas sus preguntas.

Este libro puede ser un buen compañero y ayudarles a comprender lo que le está sucediendo a su amigo. El tema del cáncer también debe abordarse en las reuniones de padres de familia, para que los otros padres reciban información sobre la mejor manera de hablar sobre el tema con sus propios hijos.

La mayoría de los padres de niños enfermos de cáncer con los que hablé en el desarrollo de este proyecto estuvieron de acuerdo en afirmar que sus hijos estaban bien informados sobre la enfermedad por parte de los médicos tratantes y que sus preguntas sobre la enfermedad generalmente se respondían de manera comprensiva y profesional. Sin embargo, a muchos se les dificultó informar al entorno del niño sobre el cáncer. En este caso también se recomienda la participación de un experto.

¿Cuántas personas tienen cáncer?

De acuerdo con los registros, se diagnostica con cáncer cada año a alrededor de medio millón de personas en Alemania. La probabilidad de desarrollar cáncer aumenta significativamente con la edad. Por fortuna, el cáncer es muy raro en la infancia y la adolescencia; sin embargo, cerca de 1800 menores de 15 años son diagnosticados con cáncer cada año en Alemania.

En el momento del diagnóstico, 12 de cada 100 pacientes tenían hijos menores de edad y, en cuanto a pacientes con cáncer de mama, incluso más de un 30 % de las mujeres afectadas los tenían.

No todos los pacientes con cáncer se curan definitivamente. Sin embargo, los avances en prevención, detección temprana y tratamiento han llevado a una disminución significativa de la mortalidad por cáncer en las últimas décadas y más de la mitad de los pacientes se pueden aliviar. El pronóstico para los niños es aún mejor: cuatro de cada cinco niños se recuperan hoy en día.

Acerca de la escritora

Sarah Herlofsen es doctora en Biomedicina y madre de cuatro hijos.

Cuando era niña, la medicina era su gran pasión. Estudió Biología y Filosofía para enseñar a los niños los detalles más pequeños de la naturaleza y las preguntas más grandes del mundo.

El cáncer de su abuela la motivó a dejar de enseñar y dedicarse a la investigación, con el fin de desarrollar nuevos medicamentos contra esa enfermedad. Después de terminar la especialización en Biomedicina Molecular emigró a Noruega, en 2002. Allí trabajó en la investigación clínica de células madre durante muchos años y enseñó a escolares y universitarios.

Después de completar su tesis doctoral en el Centro Noruego para la Investigación con Células Madre, un nuevo cáncer familiar cambió el camino de su vida. Era madre de tres hijos y ellos, de un momento a otro, le hicieron preguntas completamente diferentes sobre el cáncer. Ahora no era solo un desafío teórico-científico.

De repente, las preguntas emocionales —y, a menudo, muy específicas— de los niños la sacudieron. Comenzó a dibujar células con sus hijos y a escribir pequeñas historias sobre los cazadores de cáncer para explicarles la enfermedad de su abuelo y su propio dolor. Cuando vio el efecto positivo de este enfoque artístico, honesto y abierto con sus propios hijos, le surgió una nueva idea. Decidió usar toda su experiencia para ayudar a que otras familias pudieran hablar sobre enfermedades con sus hijos.

Con el apoyo de la Sociedad Noruega contra el Cáncer, el Consejo de Cultura de Noruega y una beca de escritor de la Sociedad Noruega de Literatura Especializada, pudo cumplir su sueño y escribir este libro sobre el cáncer. Junto con la Sociedad Contra el Cáncer reunió preguntas y experiencias de otras familias y pronto aprendió que esta enfermedad produce interrogantes y temores muy diferentes en todos los niños.

Asistió a salas de cáncer infantil, a grupos de discusión y a seminarios de organizaciones de pacientes. De esta manera se acumularon con el tiempo muchas preguntas de los niños. Ella dio respuesta a estos interrogantes junto con el Departamento Infantil de la Sociedad contra el Cáncer y un equipo de psicólogos.